TRUMPELSTÖLZCHEN UND DER MEISTER FERSENSPORN

ERSTE AUSGABE

Trumpelstölzchen und der Meister Fersensporn © 2020 Martin Treanor
Cover-art © 2020 Martin Treanor
Innen- und Cover-Design © 2020 dprz.net

Aus dem Englischen von Marianna Sacra
Korrektur von Ute Kreitz und Josephine Moran

Alle Rechte vorbehalten.

Diese Geschichte ist reine Fiktion. Namen, Charaktere, Orte sowie Ereignisse sind entweder ein Produkt der Vorstellung des Autors oder werden in fiktivem Umfang verwendet. Jede Ähnlichkeit zu wahren Ereignissen, Schauplätzen oder Personen – ob lebend oder verstorben – ist reiner Zufall.*

Tiny Hands Press
ein Imprint von DRPZ Publishing
drpz.net

*außer Trumpelstölzchen

Über die Übersetzerin

Marianna Sacra übersetzt Unterhaltungsmedien aus dem Englischen ins Deutsche. Außer den Trumpelstölzchen-Büchern hat sie an haufenweise ausgezeichneten Videospielen gearbeitet, zum Beispiel *Begrabe mich, mein Schatz* und *Black Desert Online*. In ihrer Freizeit zählt sie Kaffeebohnen, züchtet Sukkulenten und stellt skurrile Schmuckstücke her. Sie lebt mit ihrer Familie in Cambridge, Massachusetts.

Wenn sie gerade keine fantastischen Welten nach Deutschland bringt, schreibt sie auf www.1uptranslations.com über das Übersetzen.

TRUMPELSTÖLZCHEN UND DER MEISTER FERSENSPORN

Martin Treanor

DANKSAGUNG

Martin Treanor möchte einigen Leuten danken: Sal, Sandra, Steve, Marg, Colin und dem Trumpelstölzchen persönlich, dessen Meisterhaftigkeit des gesprochenen Wortes und stabile Genialität eine Inspiration war für diese, wie Fibber Fox sie wohl nennen würde: **Flunkermärchen**.

Martin möchte außerdem seiner Frau, seiner Tochter und deren Partner für ihre Unterstützung bei diesem Projekt danken. Und zu guter Letzt noch ein dickes Dankeschön an Herrn A persönlich, der so unglaublich traumhaft ist, OMG, wenn ich nur an ihn denke …
(Er hat mich gezwungen, das zu sagen.)

Trumpelstölzchen war ein launisches Kerlchen mit einer perfekten Wampe, hauchdünnem eigenwilligen Haar und einem orangen Hängebackengesicht, das einem Kürbis glich. Er lebte in einem mächtig großen Haus, welches er *Mangy Logo* nannte, obwohl es gar nicht wirklich so hieß. Der arme alte Trumpelstölzchen *„wusste Wörter nicht so gut"*.

Eines strahlenden Morgens, nachdem er viele Stunden lang die Bilder in seinem Lieblingsbuch, *Fibber Fox' Flunkermärchen*, studierte, brachte ihm Pencho der Hauself einen erschreckenden Bericht: Die Ausrufer erzählten dem ganzen Reich von der Zeit – vor vielen, vielen Jahren –, in der ein Brief aus einem Ort namens Vet Nam eintraf, in welchem stand, dass Trumpelstölzchen zu Besuch kommen müsse.

Trumpelstölzchen ist übrigens nicht immer alt und launisch gewesen. Als junger Bursche war er fit wie ein Furz, doch mit ebenso perfekter Wampe und nicht weniger launisch. Und damals, obwohl andere auch nach Vet Nam gesandt wurden, hatte Trumpelstölzchen überhaupt keine Lust darauf. Es war ein grauenhafter, gefährlicher Ort, an dem Menschen gegeneinander kämpften und keine einzige Seele ein goldenes Klo besaß.

Und außerdem war alles, was Trumpelstölzchen nicht gefiel, *Fake News*.

Er wollte lieber zu Hause bleiben, auf seinem Bett liegen, wunderschöne Schokoladentorte essen und träumen. Trumpelstölzchen träumte gerne davon, wie er eines wunderbaren Tages so stinkreich ist, dass er mehr goldene Klos als sonst irgendjemand im ganzen Reich besitzt. Und davon, wie er König von *Nicht Weit Weit Weg Genug* wird und endlich seinen eigenen Thron bekommt – einen echten Thron und nicht nur ein goldenes Klo.

Außerdem wollte er zu Hause bleiben, damit er *Schnapp-die-Mieze* mit Aschenputtel, Dornröschen und Schneewittchen (mit ihrer Haut so weiß wie Schnee, und Weiß war schließlich Trumpelstölzchens Lieblingsfarbe) spielen konnte, obwohl sie gar nicht mit ihm spielen wollten.

Psst! Dornröschen hat nur so getan, als ob sie schläft.

Doch wie es der Zufall so wollte, war Trumpelstölzchen schon damals, zumindest in seiner eigenen Vorstellung, ein stabiles Genie. Doch es gab da einige – hauptsächlich diese doofen Hobgoblins, die sich *Magas* nannten –, die sagten, dass er sehr, sehr, sehr intelligent sei und viele, viele, viele wunderbare, unglaubliche und unglaublich wunderbare Ideen hatte. Wie zum Beispiel die Casinos und Zeitschriften und Lernschulen, die er ins Leben gerufen hatte, um den Leuten genauso großartige Wörter beizubringen, wie er sie kannte, und das haben sie auch – bis sie unfairerweise alle geschlossen wurden.

Psst! Seine beste Idee jedoch war das Organisieren von Spendengalas. *„Manche Leute geben dir doch glatt ihre letzte magische Bohne"*, erinnerte er sich, *„und mit den vielen magischen Bohnen anderer kann ich mir ein riesiges Gemälde von mir kaufen, das ich mir dann über mein Himmelbett hängen kann."*

Und so kam Trumpelstölzchen seine erste wunderbare Idee: Sobald Rainer Einzug – der stämmige Soldat mit dem schillernden Mantel mit den vielen Knöpfen – hier auftaucht, um ihn wegzuholen, würde er so tun, als ob er ganz viele Autschis überall auf seinen Füßchen hätte …

… und dass sie, genau wie seine Nase, wenn er flunkerte, ebenso groß, rot, geschwollen und wütend seien wie Hennity Bennitys großer Knollenkopf.

Rainer Einzug tauchte tatsächlich auf, doch dass Trumpelstölzchen Autschis auf seinen Füßchen hatte, wollte er nicht glauben.

Also machte sich Trumpelstölzchen auf in die Whartonwälder, um den Meister Fersensporn ausfindig zu machen. Dieser konnte die Menschen alles Mögliche glauben machen.

Er kämpfte sich zwischen den Bäumen hindurch, wich allen möglichen Hindernissen und übertragbaren Krankheiten aus, die man sich beim bloßen Anblick dieses entsetzlichen Ortes einfangen konnte, bis er zu guter Letzt an der schäbigen Hütte ankam, in welcher der alte Meister Fersensporn lebte.

Klopf klopf klopf – er klopfte an die Türe.

Doch er bekam keine Antwort.

Klopf klopf klopf – er klopfte erneut.

Schließlich öffnete sich die Türe und ein verschrumpelter alter Mann erschien.

„Was willst du denn?", brüllte der Greis, der Meister Fersensporn.

„Nur einen kleinen Gefallen", antwortete Trumpelstölzchen. In den folgenden Jahren würde er noch alle möglichen sonderbaren Kreaturen – von denen manche in anderen Königreichen lebten – um zahlreiche Gefallen bitten, aber nur, wenn ihn das in ein besseres Licht rücken sollte.

„Was für einen Gefallen denn?"

„Rainer Einzug sagt, dass ich nach Vet Nam gehen muss. Aber ich will gar nicht nach Vet Nam. Ich will überhaupt gar nicht nach Vet Nam." Und dann brach er in Tränen aus: „Bu-hu-huuu" heulte, plärrte und bläkte er.

Trumpelstölzchen weinte oft und gerne, weil er eine mächtig große Heulsuse war.

Und dann war er eingeschnappt.

(Trumpelstölzchen war schnell eingeschnappt, meckerte und jammerte, und mochte generell nichts, das ihm keine Bewunderung zusprach. Freunde hatte er ebenfalls keine, außer jene, die er mit Papa Trumpelstölzchens dickem fetten Sack magischer Bohnen gekauft hatte.)

Als der Meister Fersensporn von Papa Trumpelstölzchens dickem fetten Sack magischer Bohnen erfuhr, wurde sein Interesse auf magische Art und Weise geweckt. Er rannte zurück in seine Hütte und kehrte mit einer Schriftrolle zurück, welche er Trumpelstölzchen reichte.

„Hier", sagte der Meister.

„Was ist das?"

„Dies ist eine magische Schriftrolle. Auf ihr steht, dass du tatsächlich Autschis auf deinen Füßchen hast und dass diese sehr, sehr weh tun. Zeige sie Rainer Einzug.

Berichte ihm davon, wie du sie von mir gekauft hast, und erwähne am besten auch, dass dein werter Herr Papa haufenweise magische Bohnen besitzt. Dann wird er weiterziehen, dich in Ruhe lassen und einen anderen armen Schlucker finden, einen ohne wohlhabenden Papa und ohne goldenes Klo, der an deiner Stelle nach Vet Nam geht."

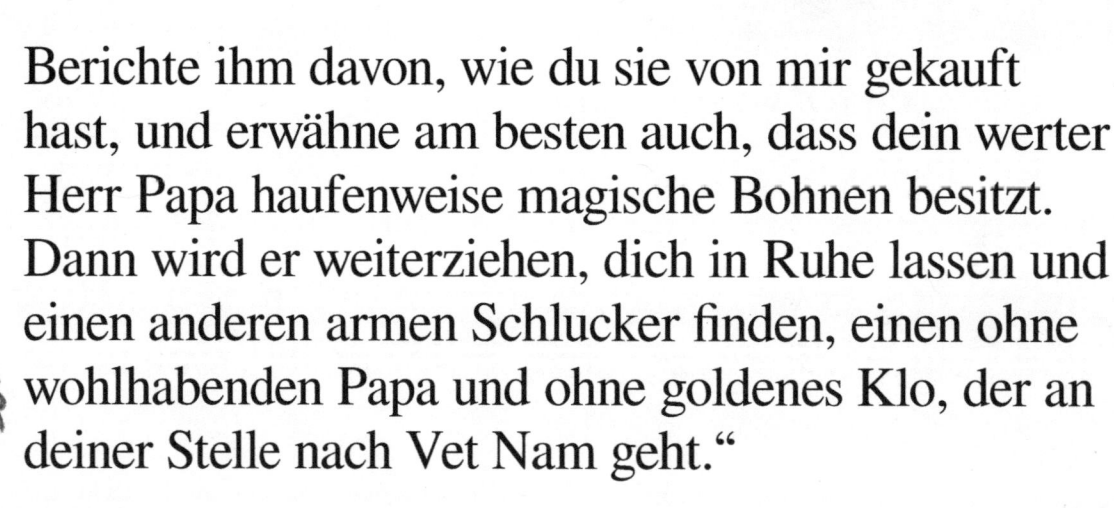

Nun war Trumpelstölzchen außer sich vor Freude. Er war so froh, dass er beschloss, zur Feier des Tages einen unglaublich hohen Turm zu bauen. Aber das ist eine andere Geschichte. So machte er sich beschwingten Schrittes – denn er hatte ja nicht wirklich Autschis auf seinen Füßchen – zurück zur *Mangy Logo*, bestellte sich Unmengen wunderschöne Schokoladentorte, legte sich auf sein Bett und rollte das Pergament auf.

Das Blatt war leer.

Da waren *keine Wörter* drauf.

Was sollte er nun tun? Der Meister Fersensporn hat ihn übers Ohr gehauen.

Plötzlich wurde ihm alles klar. Die Schriftrolle war eine dicke fette Lüge. Es stand nichts drauf, weil es die Autschis an seinen Füßchen gar nicht wirklich gab. Jetzt bekam er richtig Muffensausen.

Doch obwohl er „*dümmer als Bohnenstroh*" war (wie sein Lehrer, Herr Fordham, stets zu sagen pflegte), machte Trumpelstölzchen eine unglaubliche Entdeckung.

Wenn der Meister Fersensporn ein Stück Papier vortäuschen konnte, das gut genug war, um Rainer Einzug dazu zu bringen, anstatt Trumpelstölzchen ein anderes armes Würstchen nach Vet Nam zu verschleppen, dann konnte Trumpelstölzchen das selbst schon lange.

Von diesem Moment an sollte er den Rest seines Lebens damit verbringen, alles was er tut oder sagt mit dicken fetten Lügen zu verbessern, Fälschungen zu verkaufen und jedem, der ihm über den Weg laufen sollte, um seine letzte magische Bohne zu bringen …

… und so schwor er sich hoch und heilig, das gesamte Volk im ganzen Reich übers Ohr zu hauen.

Doch das ist eine andere Geschichte.

ÜBER DEN AUTOR

Martin Treanor ist Autor und Illustrator – was eigentlich keiner Erwähnung bedurfte, da er alle Trumpelstölzchen-Bücher schreibt und illustriert. Er mag Kaffee, Kuchen und Kuchen, lebt nicht am hipsten Ort der Welt, hat aber dafür zwei andere coole Bücher geschrieben: *The Silver Mist* und *Dark Creed*. Außerdem hat er eine Menge Kurzgeschichten geschrieben … oh, und ein paar andere Sachen illustriert. Er mag Kuchen.

Mehr auf: *www.MartinTreanor.COM*
Martin Treanor wird repräsentiert durch
DRPZ™ [www.drpz.net]

Lies mehr über unseren überstolzen „Helden" in
Trumpelstölzchen im Land von UcK und
Trumpelstölzchen und der Anklagepfirsich!

Mehr Infos über dieses sehr stabile Genie findest du auf:

TheTalesOfTrumplethinskin.com
MartinTreanor.com
ANiceCuppaTea.com

@TrumpleTales

RATTENFÄNGER
Die Vermittlungsagentur mit Tradition

NAME: Trumpelstölzchen

BERUF: Talentierter Täuscher und mirakulöser Magische-Bohnen-Sammler

VORLIEBEN: Magische Bohnen

ABNEIGUNGEN: Fake News und keinen eigenen Thron haben

BESTE EIGENSCHAFT: Stabiles Genie

SCHLECHTESTE EIGENSCHAFT: Keine – ich bin in allem der Beste

LIEBLINGSESSEN: Wunderschöne Schokoladentorte

AM LIEBSTEN MAG ICH: Mein goldenes Klo

PROFIL:

Ich mag kein toller Fang sein, aber was spielt das schon für eine Rolle … oder?
Ich lebe in *Nicht Weit Weit Weg Genug* und werde, eines wunderbaren Tages, der König der Welt sein (ein stabiles Genie wie ich braucht schließlich Ziele). Ich besitze ein goldenes Klo, auf dem ich regelmäßig sitze, habe eine liebenswerte perfekte Wampe und ein liebliches oranges Gesicht.
Lass dich auf mich ein, dann schenke ich dir die besten drei Sekunden deines Lebens.
Keine Elfen, Kobolde und dergleichen – die sind bloß für dubiose Geschäfte gut.

www.ingramcontent.com/pod-product-compliance
Lightning Source LLC
Chambersburg PA
CBHW041149070526
44579CB00005B/57